Volker Schoßwald

Allmacht

Volker Schoßwald

Allmacht

Ist Gott wirklich allmächtig?

Fromm Verlag

Impressum / Imprint
Bibliografische Information der Deutschen Nationalbibliothek: Die Deutsche Nationalbibliothek verzeichnet diese Publikation in der Deutschen Nationalbibliografie; detaillierte bibliografische Daten sind im Internet über http://dnb.d-nb.de abrufbar.

Bibliographic information published by the Deutsche Nationalbibliothek: The Deutsche Nationalbibliothek lists this publication in the Deutsche Nationalbibliografie; detailed bibliographic data are available in the Internet at http://dnb.d-nb.de.

Verlag / Publisher:
Fromm Verlag
ist ein Imprint der / is a trademark of
OmniScriptum GmbH & Co. KG
Heinrich-Böcking-Str. 6-8, 66121 Saarbrücken, Deutschland / Germany
Email: info@frommverlag.de

Herstellung: siehe letzte Seite /
Printed at: see last page
ISBN: 978-3-8416-0593-1

Allmacht!

Ist Gott wirklich allmächtig?

Von Golgota über den Erdkreis durch die Hölle zu Gott

Dr. Volker Schoßwald

Schwabach, 2015

1 Die Freiheit des Menschen 2015 oder die billigste Ausrede des Allmächtigen angesichts des Unheils auf Erden

Womit in aller Welt hat sich „Gott“ das Prädikat „Allmächtiger“ erworben? Not und Elend seiner Schöpfung machen ihn nicht nobelpreisverdächtig; *die mangelhafte Qualität seiner Schöpfung ist nicht gerade ein Ruhmesblatt an Vollkommenheit;* wo bleibt seine Allmacht im Alltag? Ist ein Allmächtiger nicht vielmehr ein Wunschbild, gemalt in den Himmel über den Erfahrungen ausbleibender Allmacht. Denn wo zeigt sich ein liebender und gerechter Allmächtiger in der real existierenden Welt? Die vielvariierte „Warum?“-Frage braucht gar nicht akademisch differenziert zu werden: Jeder weiß, was gemeint ist: „Wie kann Gott so viel Leid zulassen?“ Wer hier um Formulierungen streitet weicht der radikalen Frage aus.

Auf dem Feld der Theorie verteidigen die Gläubigen ihren Gott mehr oder minder gut; meist minder angesichts der Wirkung auf die Ankläger. Gott selbst hält sich als Heiliger Geist merkwürdig zurück, statt seinen Anhängern die undankbare Aufgabe abnehmen und sich selbst rechtfertigen. „Allmächt!“ beschwören meine Nürnberger ihren Herrgott. Aber erleben sie denn seine Allmacht wirklich?

Geisteswissenschaftler etikettieren diese existentielle Infragestellung Gottes nobel als Theodizeefrage. Und wir können genug „Antworten“ darauf hören oder dazu lesen - genug, wenn nicht gar zu viele. Sie befriedigen mich nicht. Darum meine ich: Um die Liebe Gottes angesichts des Leidens in der Welt behaupten zu können, müssen wir Abschied nehmen von der Vorstellung der Allmacht Gottes.[1] Wenn wir

---

[1] Dies ist keine atheistische Forderung, sondern eine christologische.

das Unrecht an uns heranlassen, wenn wir uns gar selbst als Opfer erleben, regt sich in der Tiefe des Herzens auch ein Widerstand gegen Gott. Weltweit betrachtet sind Willkür und Unrecht schließlich keine Ausnahme. In totalitären Staaten etwa - zu denen Deutschland vor 70 Jahren selbst zählte und ein Teil von Deutschland noch bis 1989 Vergangenheit – herrscht das Unrecht. Wie kann Gott die sich immer wieder allmächtig gebärdende Herrschaft des Unrechts und der Gewalt zulassen? Es gibt genügend Gründe, an Gottes Gerechtigkeit zu zweifeln, und natürlich auch an seiner Liebe. **Wer an Gott dieselben strengen Maßstäbe von Gut und Böse anlegt, die die Bibel an Menschen anlegt, der kann Gott nicht verstehen**: „Wie kann der, den die Menschen den Allmächtigen nennen, so lieblos sein, den Ungerechten, den Bösen, den lebenszerstörenden Kräften Macht zu verleihen oder auch nur zu überlassen?" Jede Tageszeitung liefert allmorgendlich genügend Gründe, an Gottes Gerechtigkeit zu zweifeln, und zugleich an seiner Liebe. Wenn die ethischen Maßstäbe der Bibel nicht nur für Menschen, sondern auch für Gott gelten, ist er vor dem eigenen Kriterienkatalog nicht zu verstehen. Und wenn seine eigenen Maßstäbe für ihn nicht gelten, ist er unglaubwürdig – genauer: all das, was Menschen von Gott behaupten, hat nur dann den Hauch von Glaubwürdigkeit, wenn es in sich stimmig ist.

Vielleicht ist Gott gut, gerecht, lieb. Aber in dieser Welt erleben wir nicht, dass er dies auch umzusetzen vermag. Drei Beispiele aus Vergangenheit und Gegenwart

- 2015 war ein Erinnerungsjahr an den weithin verdrängten **Genozid** an der Armenieren 1915.[2] Der Begriff „Völkermord" erfasst zwar die Dimension, wird der Intention jedoch nicht gerecht: Die türkischen Moslems im zu Ende gehenden Osmanischen Reich wollten die

[2] Siehe den Exkurs im Anhang

Christen in ihrem Land ausrotten – dazu gehörten auch die Assyrer und die Griechen. Es fanden bestialische Massaker statt. Wenn man nur sieht, wie viele Kinder ermordet wurden und mit welchem Sadismus, stellt das nicht nur die Gerechtigkeit, sondern auch die Existenz Gottes in Frage.

- Manch einer erinnert sich noch an den sog. **Tsunami**. Wer kannte diesen Begriff in Deutschland eigentlich vor dem Weihnachtsfest 2004? Ein Unheil, das Menschen nicht nach Herkunft, Alter oder gar Moral unterschied. Unterschiedslos wurden Menschen in den Tod gerissen, oft genug spurenlos, als hätte es sie nie gegeben. Kann man jemand anders als Gott dafür verantwortlich machen? Oder ihn seiner Verantwortung entheben, indem man ihn seiner Existenz beraubt?
- Viel näher liegt mir freilich der Verkehrsunfall in meiner Heimat Nürnberg. „Eine Abiturientin aus Dortmund ist am Donnerstag bei einem tragischen Unfall in Nürnberg ums Leben gekommen. Die 18-Jährige war auf Inline-Skates mit ihrer Schwester unterwegs, als ein **Raser** sie erfasste und 50 Meter durch die Luft schleuderte. "Er war deutlich schneller als die erlaubten 50 Stundenkilometer unterwegs", sagte ein Polizeisprecher am Donnerstag über den 27-Jährigen, der mehrmals viel zu schnell eine Straße entlanggefahren war. Ein Haftrichter erließ am Nachmittag Haftbefehl wegen fahrlässiger Tötung. Der 27-Jährige war im Februar wegen Verkehrsdelikten, Körperverletzung und Widerstands gegen Beamte zu einem Jahr und einem Monat Haft ohne Bewährung verurteilt worden. Das Urteil war aber noch nicht rechtskräftig. Außerdem hätte er seine Fahrerlaubnis abgeben sollen.“[3]

---

[3] WAZ 13.6.14:

„Er fuhr am Abend des 11. Juni 2014 eine 18-Jährige tot und wurde im Dezember verurteilt. Gegen das Urteil - drei Jahre und zehn Monate Haft und 4 ½ Jahre Fahrverbot - legt der Verurteilte nun Berufung ein.“[4] Er zeigte angeblich Reue…

Theologisch sind hier viele Facetten abgedeckt. Das letzte Beispiel ist das ausführlichste, obwohl im Vergleich unbedeutendste. Aber: Wenn etwas nahe bei mir geschieht, berührt es mich mehr; und: wenn so wenige Personen beteiligt sind, erfasse ich die emotionale Tiefe des Geschehens besser – der Genozid und der Tsunami überfordern meine Wahrnehmungsfähigkeit.

Wie kann ein gerechter Gott das zulassen? Oder: „Gott, wie kannst Du dies zulassen?!“ Je betroffener ich bin, umso uninteressanter werden philosophische Spekulationen. Ich stelle meine Fragen nicht für andere, sondern für mich, und wer mag, kann sich anschließen. Aber an wen soll ich sie richten? An den Himmel, von dem sie wie von einer Panzerplatte abprallt? An Pastoren, die dogmatische Lösungen zitieren oder mit sonorer Stimme Bibelzitate singen? An die unschuldig lächelnden Frommen, die Gottes Ungerechtigkeit mit seiner Unerklärlichkeit entschuldigen? Die Antworten, die ich aus „frommen Kreisen“ höre, leuchten den Verteidigern wohl mehr ein als den Anklägern. Ohnedies scheinen die Antworten mehr in der Theorie als in der Praxis zu tragen.

Es sei immerhin angemerkt, dass bereits der Begriff „Allmacht“ oft in Frage gestellt wurde durch Aufgabenstellungen, die ihn als Fiktion enttarnten. Die klassische Anfrage lautete: Kann Gott einen Stein machen, der so schwer ist, dass er ihn selber nicht heben kann? Egal, ob er es kann oder nicht kann: es impliziert immer etwas, das Gott unter

---

[4] NN 10.03.2015:

diesen Bedingungen nicht kann, weil sich manches gegenseitig ausschließt.

Manche Menschen scheinen Angst zu haben, dass die Infragestellung von Gottes Allmacht seine Macht überhaupt in Frage stellt. Wenn Gott nicht allmächtig ist, hat es dann einen Sinn, überhaupt an ihn zu glauben? Die Frage selbst macht Gott für den Fragesteller fiktiv. Wenn er Gott als existent erlebt, ändert das „Nicht-allmächtig" die Attribute, löst ihn aber nicht ins Nichts auf. Wenn mich jemand sehr schätzt, aber allmählich merkt, dass ich doch nicht so klug bin wie er meint, dann wird sich vielleicht seine Wertschätzung für mich ändern, aber meine Existenz wird für ihn nicht in Frage gestellt. Weshalb sollte dies bei Gott anders sein?

Gefährdet also die Infragestellung der Allmacht Gottes Gott selbst? Nein, im Gegenteil: Wenn keine unrealistischen Behauptungen aufgestellt werden, kann man von Gottes Macht eindrücklicher erzählen. Doch dann darf eben nicht die fatale Schlussfolgerung kommen, das mächtige Wirken Gottes sei ein allmächtiges. **Machterweise sind keine Allmachtsbeweise**.

2 Hier ist kein Mann, der helfen kann...

„Wie kann der, den die Menschen den Allmächtigen nennen, so lieblos sein, den Ungerechten, den Bösen, den lebenszerstörenden Kräften Macht zu verleihen oder auch nur zu überlassen?" Ich kann mich nicht daran erinnern, jemals eine befriedigende Antwort darauf gehört zu haben.[5]2 Selbst anfangs bestechende Erklärungen wirkten auf mich letztlich wie Ausreden. Und *ein Gott, der Ausreden nötig hat,*

---

[5] Man könnte natürlich auch Gottes Existenz bestreiten. Immerhin rekurrieren viele praktische Atheisten meist anklagend auf Gottes Allmacht.

um noch als lieb und gerecht zu gelten, ist für mich kein „wahrer" Gott. Die Maßstäbe, die für Liebe und Gerechtigkeit in der Bibel genannt werden, müssen nicht nur für die Menschen gelten, sondern auch für Gott; sonst ist er nicht ernst zu nehmen. Ich kann nicht von Gottes Liebe reden, wenn ich ihn als lieblos erlebe.[6] Dabei ist mir auch wichtig, dass Gott ein gerechter Gott ist. Und wenn ich gerecht sage, meine ich eine verständliche Gerechtigkeit: Gutes ist gut und Böses ist bös. Ich möchte nicht wie der Big Brother von George Orwell in 1984 die Begriffe verdrehen, bis sie ihr Gegenteil bedeuten, nur weil ich dann eine hypothetische Allmacht für Gott behaupten kann.

„Wie kann der, den die Menschen den Allmächtigen nennen, so lieblos sein, den Ungerechten, den Bösen, den lebenszerstörenden Kräften Macht zu verleihen oder auch nur zu überlassen?" Ich habe noch niemand gefunden, der mir darauf eine befriedigende Antwort geben konnte. Und weder als ein die Institution repräsentierender Pfarrer noch als ein für den christlichen Glauben einstehendes Kirchenmitglied kann ich es verantworten, Antworten nachzuplappern, hinter denen ich nicht stehe. Ich kann nicht sagen: „Denen, die Gott lieben, dient alles zum Besten." Ich kann nicht sagen: „Darin können die Gläubigen sich bewähren." Ich kann nicht sagen: „Dafür haben wir die Freiheit, zwischen gut und böse zu wählen." Denn diese Antworten, die ich schon zigmal hörte, überzeugen mich nicht und ich verstehe nicht einmal, wie andere davon überzeugt sein können. Allenfalls unterstelle ich ihnen - nicht ohne Grund -, die Frage nicht aushalten zu können.

Ich konnte mit Menschen, die sich über das Unrecht empörten, stets mehr anfangen als mit Menschen, die Entschuldigungen für Gott parat

---

6 Sehr schön hat dies W.Joest formuliert (Dogmatik 1, S.140), sich selbst dabei jedoch Grenzen des Denkens gezogen. Es wäre interessant gewesen, wenn dieser aufrichtige Denker Grenzen der Allmacht Gottes radikaler in Betracht gezogen hätte

hatten. Ich meine natürlich eine ehrliche Empörung und nicht die oberflächliche Anfrage: „Wie kann Gott das zulassen...?" während sie sich sonst einen Dreck um Gott scheren. Nur als billiges Argument gegen „die Kirche" ist es verlogen. Ich hasse diese Verlogenheit noch mehr als die Zuflucht zu konstruierten Erklärungen.

Der empörte Hiob wirkt überzeugender als seine Freunde, die ihm klarmachen, dass Gott schon irgendwie Recht hat und die Schuld bestimmt bei ihm, bei Hiob, bei dem sicherlich nicht vollkommen gerechten Menschen liegt. Es kann für uns immer wieder eine Genugtuung sein, wenn wir am Ende des vielschichtigen Hiobbuches lesen dürfen, dass die erklärungsfreudigen Freunde Hiobs von Gott aufgefordert werden, sich bei jenem zu entschuldigen, weil sie die Anfragen nicht an die Tiefe des Herzens heranließen, weil sie dem Aufbegehren nicht genug Raum gewährten.

Ich weiß auch, was mich an den wohlfeilen Antworten so stört: Sie passen für mich nicht zu den behaupteten Eigenschaften oder Wesenszügen Gottes: Gerechtigkeit und Liebe. Nein, Liebe muss ich auch als Liebe erfahren. Ich kann dem Todkranken am Sterbebett auf die Frage: „Warum muss ich das durchmachen?" nicht antworten: „Es dient Ihrer Läuterung." Und der Witwe, die um ihren Mann trauert, werde ich nicht als Trost zusprechen: „Gott liebt dich." Noch weniger kann ich dies angesichts des Hungers und der Gräueltaten auf dem Erdball tun. Auf den Sündenfall und das Leiden als Folge der Sünde der „ersten Menschen" zu rekurrieren verbietet sich für mich für einen Christen von selbst[7].

---

[7] Ganz abgesehen von dem Problem der Historizität. Wenn wir die Geschichte vom Sündenfall Gen.3 ernstnehmen, dann nicht als geschichtliches Ereignis, sondern als eine fiktive Erzählung, die Wahrheiten transportiert.

Im Nachgespräch auf eine Predigt ausgerechnet zu 1.Joh.4: „Gott ist die Liebe“, stellte ein Gemeindeglied, das einen lang- und leidgeprüften Glaubensweg hinter sich hat und sich immer wieder Anfragen stellt, also ein Gemeindeglied, das ich sicherlich nicht als oberflächlich bezeichnen würde, meine Position in Frage mittels der nicht unüblichen Antwort auf die Theodizeefrage: „Gott hat uns die Freiheit gegeben, darum ist das Unrecht möglich; andernfalls wären wir doch nur Marionetten.“ Diese Antwort trug sie und sie unterstellte arglos, dass sich meine Anfragen damit erübrigen würden.

Wie soll ich auf so eine Antwort reagieren? Ist es nicht die Worte eines Pfarrers, denen sie vertraut? Und stützt sie sich nicht auf eine unumstößliche Theologiegeschichte? Doch die Anfragen der Wirklichkeit sind ebenso unumstößlich: „Was nützt dem Opfer der Gewalt die Freiheit des Gewalttätigen? Haben wir wirklich Freiheit oder sind wir nicht „verdammt“ (Sartre) zum Leben als Leiden?“ Dass es auch nicht von Menschen verschuldetes Leiden gibt, muss noch nicht einmal in Rechnung gestellt werden. Es sollte aber im Hintergrund stehen, damit niemand vorschnell pauschal der Menschheit die Schuld zuspricht und so tut, als gäbe es Unheil erst seit dem „Sündenfall“. Wenn Gott der Allmächtige und der Schöpfer und Erhalter der Welt ist, dann ist er eben auch dafür zuständig, dass es Naturkatastrophen gibt. Wenn ihm Dank fürs Leben gebührt, dann ebenso, wenn nicht noch mehr[8] Vorwurf für die Lebensfeindlichkeit im Kosmos.

Die besten Antworten kommen einem erfahrungsgemäß immer erst später. So wuchs in mir erst im Lauf der Woche nach jenem Gespräch eine Gegenfrage: „Wie ist es denn „im Himmel“?“[9]

---

[8] Weil er ja der „liebe“ Gott ist.

[9] Die Chiffre „Himmel“ bezeichnet das Heil in seiner Vollendung.

3 Wenn Heil und Freiheit sich ausschließen, wie ist es dann im „Himmel“?

Wenn es im „Himmel“ ganz anders ist, also ohne Leid und Unheil, heißt dies dann, dass es dort keine Freiheit gibt? Sind dort die Menschen nur Marionetten, wie sie es angeblich auf einer leidfreien Erde wären? Oder gibt es auch im Himmel die Freiheit zu Gut und Böse und damit die Fortsetzung von Unrecht, Gewalt und Willkürherrschaft? Wenn wir uns den Himmel als den „Ort“ der Vollkommenheit vorstellen, ist dort das Negative ausgelöscht und herrscht das Positive. Dann gibt es dort eben keine Gewalt und Bosheit, aber doch Freiheit (die Werte sind an biblischen Normen orientiert).

Im „Himmel“ herrscht Vollkommenheit und ist alles Lebensfeindliche vernichtet: Der letzte Feind, den Jesus dem Vater vor den Thron legt, ist der Tod... (1.Kor.15,26). Wenn wir das für richtig halten (den Beweis erspare ich mir, er wäre ohnedies nicht zu erbringen, es handelt sich um ein Axiom, von dem ich annehmen kann, dass es allgemein in der Christenheit geteilt wird, wenn nicht sogar zu den Glaubensgrundfesten gehört), dann stellt sich wie von selbst die Frage, weshalb Gott nicht jetzt schon diese Welt verwandelt oder verwandelt hat. **Mit Liebe hat das Leidenlassen ja wohl nichts zu tun**. Wer etwas anderes meint, hat seltsame Erfahrungen mit „Liebe“ gemacht. Sollte aber die „Freiheit der Kinder Gottes“ auf die vom Unheil beherrschte Welt beschränkt sein und wir danach ein Marionettendasein in Gottes Kasperltheater fristen?

Mit Liebe hat das Leidenlassen nichts zu tun, es sei denn, der „liebe“ Gott könnte nicht anders. Wenn Gott uns liebt und uns leiden lässt, dann kann er wohl nicht anders. Wenn wir seine Liebe nicht in Zweifel ziehen, müssen wir seine Allmacht infrage stellen[10]. Es gibt für mich keinen verständlichen Grund, weshalb ein Allmächtiger die Welt im gegenwärtigen Zustand lassen sollte - und gar zu verantworten hat, wenn er keine sadistischen Gründe hat. Ich wüsste auch nicht, wo er seine All-macht offenbart hätte. Machterweise sind noch keine Allmachterweise.

Der Hinweis auf die Schöpfung integriert das Lebensfeindliche in Gottes Werk und damit in Gottes Willen. Der Hinweis auf die Schöpfung der Welt ist ambivalent, weil er, wenn man keine logischen Verrenkungen anstellen will, das Lebensfeindliche in Gottes Werk und damit Gottes Willen sehen muss.

4 Es gibt für mich keinen verständlichen Grund, weshalb ein Allmächtiger die Welt im gegenwärtigen Zustand lassen sollte

Ich rede hier so unbefangen von Gott, als wäre klar, wen ich meine. Aber ist es wirklich so klar? Rede ich von einem menschlichen Postulat der Macht, die alles bestimmt? Von einer menschlichen Hoffnung auf ein Wesen, das uns durch den Tod hindurch erhält? Von einer menschlichen Vorstellung, die alles Negative verneint und das Ideal des

---

10 Natürlich gibt es zu diesem Thema nicht nur reichliche, sondern auch gute Literatur. Aber das Gute, das ich hierbei fand, ging für mich oft gegen Ende an der Fragestellung vorbei. Oder anders, d.h. auf einer anderen Ebene formuliert: Die mir bekannten theologischen, auch gemeindetheologischen Überlegungen hinterlassen bei mir das Gefühl, auf mehr oder minder elegante Weise einer Anfrage entgangen zu sein, die schließlich auch zur Bestreitung der Existenz Gottes hätte führen können - was die Konsequenz einschließen würde, sich weltanschaulich komplett neu orientieren zu müssen. In psychologischen Kategorien gesprochen: Hier schienen Verdrängungsmechanismen wirksam zu werden, die langsam, aber effektiv das Grundgefühl der Anfrage zur Seite drängten und durch Umformulierungen zu Ergebnissen kamen, die einer neue Fragestellung beantworteten, aber nicht der Urintention entsprachen.

Positiven ist? Von einer menschlichen Sehnsucht nach sich durchsetzender Gerechtigkeit? Vielleicht spielen diese Vorstellung mit herein. Aber meine Grundlage ist eine andere: Für christliche Theologen und im Grunde für jeden, der das christliche Glaubensbekenntnis teilt, hat sich Gott in Jesus gezeigt. Zwar beginnt das Symbol mit „Gott, dem Vater, dem Allmächtigen...“, aber es wird konkretisiert durch die Geschichte Gottes in Jesus von Nazareth.

Jesus Christus mit seiner konkreten Lebens- und Leidensgeschichte ist der Maßstab. Wie wir Gott durch Jesus wahrnehmen ist – reformatorische formuliert - ein Korrektiv innerhalb der vielfältigen Heiligen Schriften. Zugleich ist es aus reformatorischer Sicht das Korrektiv im Glaubensbekenntnis. Die evangelischen Bekenntnisschriften, zentral die Confessio Augustana fasst den Glauben in christologischen Bezügen. Für Luther und Melanchthon ist die Offenbarung Gottes in Jesus Christus die norma normans von Schrift und Bekenntnis.

In die Sprache von Nicht-Theologen ließe sich dies übersetzen: Alles, was wir von Gott sagen, muss sich messen lassen an der Geschichte Jesu Christi, wie sie uns im Evangelium bezeugt ist.[11]

---

[11] In dieser Formulierung sind einige Grundentscheidungen enthalten, die der Fachmann sofort entziffert, die aber dem Laien entgehen können, darum will sie kurz aufschlüsseln: Evangelium ist die Verkündigung von Jesus als dem „Sohn Gottes“. Es geht dabei um die Bedeutung, die Jesus für Menschen gewonnen hat. Wir betrachten also die Evangelienbücher nicht als wissenschaftlich-historische Geschichtsbücher und es erweist sich nicht jede einzelne Jesus-Geschichte als gleich bedeutsam und gleich historisch. Das beinhaltet der Ausdruck „bezeugt“; es geht nicht um Berichte, die neutralen Nachrichtenagenturen entnommen wären, sondern um Geschichten, die von Menschen weitergegeben wurden, die persönlich betroffen waren von Jesus Christus; die Geschichten sind naturgemäß durch die Interessen des Glaubenden gefärbt. Das ist ihre Stärke, bedeutet aber zugleich, dass wir selbst auch Stellung dazu beziehen müssen und nicht einfach sagen können: Das steht so da, also stimmt es. Der Streit um diese Sicht der Bibel ist alt und braucht nicht aufgewärmt zu werden. Aber da die Voraussetzung nicht selbstverständlich ist, sollte sie ausgesprochen werden.

Aber was heißt das denn, konsequent bis zum Ende gedacht? Gott, der gerechte und liebende, hat sich ja gerade in Jesus nicht als der Allmächtige gezeigt. Die Aufforderung der Umstehenden am Kreuz, bekanntlich gerade der „gottesgläubigen" Leute: „Wenn du Gottes Sohn bist, dann steig' doch herab", hat er nicht angenommen. Warum nicht? Mögliche Antwort: Er konnte es nicht. Gott offenbarte sich nicht als der, der durch Machterweise dem Leiden entgeht.

Diese Erfahrung zieht sich durch unsere Lebensgeschichten: Gott hält uns nicht aus dem Leiden heraus. Er bewahrt uns nicht vor den Dunkelheiten, vor Schmerz, vor Krankheit und Tod. Das ist eine Liebe, die auf eine harte Probe gestellt wird. Zeichen der Christenheit ist aber eben das Kreuz, also die Durchkreuzung menschlicher Allmachtsphantasien, und nicht der Lichtglanz der Auferstehung, der diese Welt in ein neues Licht taucht und verwandelt. Hier sehen die Lutheraner eindeutiger als die Calvinisten.

Wenn ein Mensch, der uns lieb ist, uns in der Not nicht helfen kann, weil seine Möglichkeiten an Grenzen stoßen, dann akzeptieren wir das. Wenn es um Gottes Grenzen geht, scheint dies anders. Warum? Weil er der Allmächtige genannt wird. Doch gerade er enttäuscht uns in aller Regel. Er erhört die Hilferufe nicht - ich nenne nur als evident angemessene die Bitte um Ende der Kriege und das Blutvergießen -. Das ist eine Enttäuschung, wie sie jedes Kind - also jeder von uns - auch schon mit Menschen erlebt hat: Für das kleine Kind sind Vater und Mutter allmächtig. Aber es kommt der Tag, wo das Kind merkt: Hier hat mein Vater versagt. Das hat meine Mutter nicht gekonnt. Das ist eine herbe Enttäuschung: Die Eltern sind nicht allmächtig. Das muss erst einmal verarbeitet werden.

Gerade Sigmund Freud hat den „großen Mann" im Leben, nämlich den Vater, mit dem „großen Mann" der Welt, nämlich Gott in Beziehung gesetzt[12]. Für den großen Psychologen bildet sich die Vaterbeziehung in der Gottesbeziehung ab. Wir lassen diese These mit all ihren Grenzen undiskutiert stehen. Aber auf dem Erfahrungshintergrund des eigenen Erwachsenwerdens scheint manches daran einleuchtend, ja, erleuchtend.

Das Kind wird durch die Erfahrung der begrenzten Macht seiner Eltern enttäuscht. Aber die Kraft der Liebe erhält die Beziehung in dieser Enttäuschung aufrecht. Das grundsätzliche Vertrauen des Kindes ist tragfähig genug, die Enttäuschung zu verkraften. Und natürlich wird die Erfahrung durch das Kind, durch den Menschen verarbeitet. Die unangemessenen Allmachtserwartungen an die Eltern werden durch eine realistische Einschätzung abgelöst.

So wird es auch mit unserem Glauben sein: Erwachsener Glaube weiß, dass er nicht mit Gottes Allmacht rechnen, aber auf Gottes Liebe bauen kann... Freilich hat jeder Mensch Tendenzen zur Regression, zum Zurückkriechen ins „Kindsein", in kindliches Zutrauen. Für den Glauben gilt dies gleichermaßen. Der Wunsch nach einem behüteten Leben ohne Sorgen wurzelt tief in der Menschenseele.

Manche meinen: „Wenn ihr nicht werdet wie die Kinder..." (sagt Jesus) würde bedeuten, man müsse in den vorkritischen Status zurückkriechen. Das stimmt aber nicht und es macht auch keinen Sinn, denn wir haben ja unsere Erfahrungen gemacht, sie prägen uns und es wäre bodenlose Dummheit, sie (noch dazu auf Befehl) zu negieren. Jesus macht uns vielmehr auf das unbefangene Vertrauen von Kindern aufmerksam. Da geht es nur um die Beziehung zwischen Menschen, nicht um Rückkehr zu verstandesmäßiger Unmündigkeit.

Paulus unterscheidet bekanntlich zwischen dem kindlichen und dem erwachsenen Glauben (1.Kor.13,11). Er meint, von mündigen Christen

---

12 Sigmund Freud, Der Mann Moses und die monotheistische Religion

dürfe man zu Recht einen erwachsenen Glauben erwarten. Dabei werden wir natürlich mitunter das Kind beneiden, das fraglos vertraut; diesen Neid, oder besser: diese Sehnsucht erlebe ich oft genug bei Taufeltern, die kommen und sinngemäß sagen: „Wir selbst glauben nicht, aber wir haben die Hoffnung, dass unser Kind glauben kann, dass es nicht die Barrieren des Verstehens hat, die sich im Lauf des Lebens bei uns aufbauten“; hier höre ich eine Hoffnung, die in die Kindheit zurück geht, mit einem leichten Neid gepaart ist und mit einer Erwartung, die an der eigenen Erfahrung und Enttäuschung vorbeisteuert. Doch solch ein Glaube trägt allenfalls durch die Kindheit, dann muss er sich ändern, wenn er nicht zerbrechen soll. Das Vertrauen von Kindern in ihre Eltern zerbricht in aller Regel nicht an den Enttäuschungen, sondern ändert sich und wird realistischer. Entsprechend wird ein erwachsener Glauben mit den Enttäuschungen leben können, die die Hoffnung auf eine allmächtige Gottheit immer wieder erzeugt.

Natürlich frage ich die Taufeltern auch, was denn der Glaube für einen erwachsenen Menschen bedeuten könnte. Wenn der Glaube etwas Reales bringen soll, muss er ja die Kindheit überdauern können. Möglicherweise, nein, sogar ganz sicher wird er Veränderungen zu erfahren haben, aber ein Glaube, der sich auf die Kindheit beschränkt, wirkt wie eine Illusion. Die häufigste Antwort, die ich höre, heißt: Das Kind soll wissen, wo es hingehört. Glaube wäre also Zugehörigkeit zu einer Gemeinschaft, aber ohne konkrete Inhalte. Fast ebenso oft höre ich: Wenn es älter ist, soll es sich selber entscheiden können. Das heißt meist ausgesprochenermaßen, dass es sich zwar gegen den christlichen Glauben entscheiden könnte, aber kaum dafür, weil die Gründe, die konkreten Inhalte, der Gewinn des Glaubens für erwachsene Menschen fehlt. Das scheint mir ein schlechter Start in eine christliche Glaubenswelt, wenn schon am Anfang die mangelnde Tragfähigkeit unterstellt wird.

Glaube an Gott hat hier also etwas mit der behüteten Kinderwelt zu tun. Und dadurch ist das Gottesbild viel stärker geprägt als durch die konkrete Geschichte Gottes in Jesus von Nazareth mit dem Höhepunkt des Kreuzes (Joh.3,14-16). Damit sind wir wieder bei der Allmacht der Eltern in den Augen der Kinder und natürlich auch der Enttäuschung angesichts des Versagens dieser elterlichen Allmacht. Die Taufeltern wollen freilich von so einem Gott, der nicht allmächtig ist, nichts wissen. Hier rede ich zunächst von der (breiten) „Randgemeinde". Aber auch die treuen Gemeindeglieder, also die, die ihren Glauben mit Inhalten und einer Praxis Pietatis füllen, wollen von einer Infragestellung der Allmacht Gottes in der Regel nichts wissen und biegen sich lieber ihre Vorstellung von „Liebe" so zurecht, dass sie passt.

Dabei höre ich die Frage vieler Menschen: Was nützt uns denn ein Gott, der nicht allmächtig ist? Warum sollten wir dann an ihn glauben? Meine Gegenfrage stelle ich selten, aber sie begleitet mich in den Gesprächen: Was nützt uns denn ein Gott, der von seiner Allmacht keinen ausreichenden Gebrauch macht? Was bringt uns so ein Glaube? Ich habe darauf auch eine unterstellte Antwort, eine Vermutung: Der Glaube an einen hypothetisch allmächtigen Gott bringt eine Beruhigung angesichts drohender Sinnlosigkeit.

An diese Stelle gehört eine Reflexion auf die theologische Formulierung der Theodizee mit ihren Antworten als Hintergrundinformation oder Erinnerung sinnvoll.

5 Die Theologen und eine Frage namens Theodizee

Rollen wir Frage nach der Gerechtigkeit Gottes angesichts der herrschenden Ungerechtigkeit von vorn auf, also nochmals von den Erfahrungen. Das führt zu diversen klassischen Erklärungsversuchen . Die Grenzen sind aufgezeigt. Die Formulierungen sollen aber in den Raum gestellt werden.[13]

I. Allmacht oder Niedertracht

„Woran liegt die Schuld? Ist etwa unser Herr nicht ganz allmächtig? Oder treibt er selbst den Unfug? Ach, das wäre niederträchtig.“ Es ist bemerkenswert, wie hier Heinrich Heine, der christianisierte Jude oder der Christ mit jüdischen Wurzeln in seinem Gedicht vom „Lazarus“ die Theodizeefrage mit der Allmachtsfrage koppelt. Er stellt sie allerdings nicht an Gott, sondern explizit an die Anhänger dieses Herrn und bezieht sich mit dem „unser“ ein. Und bei der Aufrechterhaltung der Allmachtshypothese könnte er Gott niederträchtig nennen. Das ist noch milde formuliert. Wir brauchen nicht einmal die Vergangenheit mit ihren gigantischen Beispielen zu bemühen: Auschwitz oder Hiroshima. Die Spuren des Unrechts scheint zwar die Zeit zu verwehen, doch an vergangenes Unrecht und Unheil reiht sich gegenwärtiges: Schiffskatastrophen, Flugzeugabstürze, Erdbeben. Durch Vergessen kann sich Gott keineswegs so leicht aus der Schlinge ziehen wie ausgefuchste Politiker. Nein, die Frage taucht immer wieder auf: Wie passen all die schrecklichen Ereignisse zu einem gerechten Allmächtigen? Wenn Gott allmächtig wäre, würde er regelmäßig seiner

---

[13] Zur Geschichte vgl. H.H.Schrey, Theodizee, RGG VI, 1962 Sp.741ff.

eigenen Infragestellung Nahrung geben. Das wäre eine eigentümliche Form von Humor göttlicher Natur (zumindest aus menschlicher Sicht...)[14]. Für christliche Theologen und ihren Glauben an einen ernsthaften Gott mit stringentem Handeln ist dies folglich ein Standartthema.

II. Unde malum et qua re

Der Omnipräsenz der Frage nach der Gerechtigkeit Gottes angesichts des herrschenden Unrechts bei uns entspricht allerdings kein weltweites Phänomen, denn die Theodizeefrage fehlt Religionen, die keinen persönlichen Gott oder keine harmonisch regierende Gottheit haben. Ob das daran liegt, dass ein anzuklagendes Gegenüber fehlt oder ob die Mentalität etwa im Fernen Osten sich an diesem Punkt fundamental vom Abendland unterscheidet, sei offen gelassen.

Bei meinen Vorträgen melden sich immer wieder Menschen, die Aspekte des Hinduismus aufgegriffen haben und bieten mir als Lösung das Karma an. Auch ein Baby, das noch nichts Böses getan haben kann, trotzdem aber stirbt, wird so in einen Tun-Ergehens-Zusammenhang gestellt: Das Böse kommt aus der vorangehenden Inkarnation. Diese Interpretation stößt mich ab. Würde ich damit ein Elternteil trösten wollen, käme ich mir zynisch vor.

Freilich wird die Zielrichtung dieses Gerechtigkeitsdenkens deutlich: Gerechtigkeit steht in einem Tun-Ergehens-Zusammenhang: Wenn es dir gut gehen soll, musst du ein guter Mensch sein. Dahinter steht als Gerechtigkeitsmodell der Talionsgedanken, nach dem Gutes und Böses sich die Waage halten müssen. Dieser archaische Gedanken stößt bei

---

[14] Belletristisch hat dies Meg Rosoff dargestellt: Oh mein Gott, 2012

jedem von uns zumindest auf emotionalen Widerhall. Aber bereits die uralten biblischen Psalmen artikulieren die andere Wirklichkeit und klagen vor Gott, dass die Bösen es sich gut gehen lassen und die Guten darben müssen. Das Problem ist, dass Gott als der Garant des Guten und des Lohnes dafür uns den Lohn nicht wirklich garantiert – höchstens in Jenseitsversprechungen.

Dass es für erfahrenes Übel Verantwortliche geben muss, zieht sich durch die Menschheitsgeschichte. In den animistischen Religionen zumindest, die archaische Positionen für die Gegenwart erhalten haben, wird die Frage nach der Gerechtigkeit oder der Schuld für Unheil zum Beispiel bei Menschen gesucht, die sich gegen die Ahnen vergangen haben oder durch Zauberei anderen Schaden zufügen. Im klassischen Sinne der Anklage gegen das Göttliche erscheint die Theodizee geistesgeschichtlich im Altertum bei den Griechen mit der Konsequenz der Religionskritik und in Israel mit verschiedenen Antworten. In diesen beiden Kulturen wurzeln die Anfragen der Folgereligionen Judentum, Christentum und Islam.

Im Alten Testamentes sind der kollektive und der individuelle Bereich zu unterscheiden; im Kollektivbereich finden wir meist eine Schuldzuweisung an das Volk; das Volk hat sich auf seinen Gott (JHWH) nicht verlassen, rannte anderen Göttern hinterher und hurte mit diesen; nun muss es die Folgen tragen, z.B. das Exil in Babylonien.

Im Individualbereich war dies diffiziler, wie das Buch Hiob zeigt: Dort wurden mehrere Deutungen kompiliert, wobei die Glaubensgewissheit an die endgültige Güte Gottes dominiert. Es gibt aber auch die „Lösung“, dass Gott in der Größe seiner Schöpfung geschildert wird und der kleine Mensch dadurch zu winzig wird, um an Gott Anfragen zu stellen. Der grundsätzliche Lösungsansatz bei Hiob ist aber die

„Prüfung“ des Frommen durch Gottes Staatsanwalt, durch den Satan. Das Übel hat die Funktion, dass der Fromme sich bewähren muss.

Die Spannung zwischen Allmacht und Gerechtigkeit wird aber auch im Hiobbuch nicht aufgelöst, denn zwar wird dem Kläger in großartiger Weise demonstriert, dass er gegenüber dem gewaltigen Gott als Erdenwurm zur Anklage nicht legitimiert ist; andererseits werden die Freunde Hiobs getadelt, weil sie seine Anklage nicht stehen lassen können und so Gottes Größe mindern.

Das Neue Testament bringt hier zunächst anscheinend nichts Neues; die Fragestellung schien auch obsolet zu sein, da die junge Christenheit mit der baldigen Rückkehr des Messias rechnete und dadurch das Böse und das Leiden in der Vergangenheit verschwinden würde und das paradiesische Reich Gottes an die Stelle gegenwärtiger Leiderfahrung treten würde.

Das Novum ist also der eschatologische Aspekt, der durch Jesu Kreuz und Auferstehung in die Gegenwart antizipiert wird: Im vorwegnehmenden Glauben ist auch für den Einzelnen die Herrschaft der Ungerechtigkeit durch das Kreuz des auferstandenen Jesus überwunden.

Daran schloss sich eine lange Geistesgeschichte an. Sie bietet verschiedene Lösungsmodelle.

Origenes, der nordafrikanische Theologe etwa entwickelte ein pädagogisches Konzept, nachdem das Böse als Erziehungs- und Strafmittel Gottes fungiert, obwohl Gott selbst dafür nicht verantwortlich ist. „Ich leide, damit ich mich entwickeln kann und zu einem reiferen und besseren Menschen werde.“ Diese Antwort ist biographisch interessant und auch heute zu hören; heutige Pädagogen würden von einer schwarzen Pädagogik Gottes sprechen und eine Entwicklung durch positive Anreize bevorzugen.

Augustin, der nach einem sehr egoistischen Vorleben bekehrt wurde, warf das Problem auf den Menschen zurück, indem er die Erbsündenlehre einbrachte. Wenn wir von der Sündenfallgeschichte ausgehen, ist der Verstoß des Menschen die Ursache für das Übel, das wir schaffen und erleiden. Die Erbsünde wurde als Prinzip losgelöst von der einzelnen Person und gilt für die ganze Menschheit. Die Tatsache, dass der Mensch nicht schon vollkommen geschaffen wurde, begründete Augustin damit, dass der Mensch sonst Gott wäre und damit dessen Absolutheitsanspruch tangiert; Leibniz griff diese Position später wieder auf. Dass laut Gen.3 die Menschen vor dem Sündenfall Gut und Böse nicht unterscheiden konnten, wird geflissentlich übersehen.

Luther verwarf die Frage: „Man soll unsern Herrgott nicht fragen: Warum hast du das getan?" Für ihn war die Frage ein crimen laesae maiestatis, auf das nach damaliger Rechtsprechung die Todesstrafe stand… Gott ist so groß, dass wir ihn mit solchen menschlichen Infragestellungen beleidigen. „Wer bin ich denn, dass…"

Einen geistes- und theologiegeschichtlichen Höhepunkt finden wir dann bei Leibniz, der die Theodizee definierte als „...die Frage nach der Vereinbarkeit des im gegenwärtigen Weltzustand begegnenden Übels in metaphysischer, psychischer und moralischer Hinsicht... mit der Gerechtigkeit und Vollkommenheit Gottes."[15] Diese klassische Formulierung ist geistesgeschichtlich der Aufklärung zuzuordnen; es geht also um die verstandesmäßige Erfassung des Weltgeschehens. Daraus ergibt sich nahezu zwangsläufig als Problem der diversen folgenden „Erklärungen", dass sie gewisse vernünftige Einsichten bieten, aber der emotionalen Ebene nicht genügen können.

---

[15] Genaueres im Exkurs: Leibniz, die Theodizee und die Allmacht; Quelle: Leibniz, Essais de théodicée, 1710.

Für das letzte Jahrhundert könnten wir in Europa etwa auf Jean-Paul Sartre und Albert Camus verweisen, für die freilich die Konsequenz der Atheismus war. Mit dem Atheismus wird das Problem für Gott gelöst: er ist tot.[16] Aber für uns bleibt die Erfahrung der ungerechtfertigten Ungerechtigkeit.

Die Theodizee ist existentiell eine Frage nach dem Sinn des Lebens, dogmatisch wird daraus letztlich eine Anfrage an Gottes Wesen: Entweder er will nicht anders, dann ist er nicht heilig, gerecht und gut; oder er kann nicht anders, dann ist er nicht allmächtig; oder er kann nicht und will nicht anders, dann ist er schwach und missgünstig zugleich; oder schließlich kann er anders und will es auch - warum hat er das Übel dann nicht beseitigt oder gar nicht erst zugelassen? Also stimmen entweder die Attribute nicht, die wir Gott zuerkennen, oder es gibt ihn nicht (Que dieu n'existe pas). Damit erscheint entweder Gott bedeutungslos oder wird die Fragestellung hinfällig.

Im Glauben wird Gottes Wirklichkeit erfahren und so müssen Christen aus der Sicht des Glaubens einen Zugang zu dieser Anfrage suchen, der das Sein Gottes und die Existenz des Übels gleichermaßen berücksichtigt, ohne in einen unangemessenen und simplifizierenden Dualismus zurückzufallen, in dem letztlich natürlich auch die „Allmacht“ Gottes eingegrenzt wird durch die real existierende Macht des Unrechts. Und als Christen suchen wir diesen Weg bei dem, von dem es heißt: „Ich bin der Weg, die Wahrheit und das Leben“.

---

[16] Als Zarathustra aber allein war, sprach er also zu seinem Herzen: Sollte es denn möglich sein! Dieser alte Heilige hat in seinem Walde noch nichts davon gehört, daß G o t t t o t i s t!“ F. Nietzsche, also sprach Zarathustra, 1183 S.12

III. Crux sola nostra theologia

„Was sucht ihr den Lebenden bei den Toten?" Diese Frage wird nach dem Tod Jesu gestellt und ist somit ein Paradox: Der Tote lebt. Dieses Paradox ist Grund des Glaubens. Jesus von Nazareth wurde hingerichtet, erstand von den Toten auf und begegnete Menschen. Das Gottesprädikat, das ihm nach der Auferstehung zugesprochen wurde, enthüllt den paradoxen Charakter dieser Ereignisse wie auch ihre heilsgeschichtliche Bedeutung: Jesus ist der Herr und Gott. Gott hat sich in Jesus mit dem Menschen identifiziert. Das ist nur trinitarisch zu verstehen: Von der Auferstehung her gilt für das Kreuz: Gott ist tot, und zwar derart, dass Gott Mensch wurde und wie ein Mensch als ein Mensch starb. Die völlig menschliche Dimension des Todes muss auf ihn übertragen werden, denn „...war Christus, der den Tod litt, Gottes Sohn, das präexistente Gottwesen, was bedeutete dann für ihn die Übernahme des Sterbens?"[17] Diese rhetorische Frage erwartete als Antwort: „Nichts", denn der Tod würde durch die Auferstehung irrelevant und könnte für Jesus ein Axelzucken bedeuten. Wenn allerdings mit Jesus Gott stirbt, wirft das gigantische Fragen auf. Gott kann nicht sterben, meint man. Unsterblichkeit gehört zum Wortfeld von Göttern.

Ein sterbender Gott (siehe Nietzsches Zarathustra) passt natürlich nicht zu den Vollkommenheitsvorstellungen abendländischer Gottesbilder: Der ewige Gott kann nicht den Gesetzen der Vergänglichkeit unterworfen werden. Zugleich widerspricht das Kreuz der selbstverständlich anmutenden Vorstellung eines leidensunfähigen Gottes. Das Leiden des Menschen Jesus ist aber nur als Leiden des

---

[17] R.Bultmann, Ist Jesus auferstanden wie Goethe? Spiegel 31/1966, S.44

Gottessohnes heilsgeschichtlich relevant. Als eine Dimension in Gott selbst muss es trinitarisch interpretiert werden.

Übrigens hatte an dieser Stelle die alte Kirche ein schweres Problem: Kann Gottvater leiden, also etwa am Tod seines Sohnes Leiden erfahren? Damals musste man die Gottesvorstellungen verändern: Gottvater leidet, als sein Sohn stirbt. Also ist er nicht unverletzlich, sondern schmerzempfindlich. Patripassianer nannte man damals die Leute, die das seinerzeit Unvorstellbare behaupteten: Gott, der Vater, ist – wenn auch nicht sterblich, so doch - dem Leiden an der Vergänglichkeit unterworfen.

Jesu Schrei „Warum hast du mich verlassen?" wird vielfältig interpretiert; am liebsten im Zusammenhang mit der Fortsetzung des Psalms 22, wodurch ihm allerdings die Spitze genommen wird und wohl auch seine Heilskraft. Nehmen wir den Schrei aber für sich und im Zusammenhang mit dem unartikulierten Todesschrei, so setzt er ein Gegenüber voraus, von dem Jesus - durch sein Leben mit ihm - weiß, dass er der allernächste ist. Aber „...Gott im Geschehen der Kreuzigung ist nicht mehr das himmlische Gegenüber, das man anrufen und anklagen kann. Er ist selbst in den menschlichen Ruf der Gottverlassenheit eingegangen."[18]

Warum musste der Gottessohn leiden und sterben? Hier taucht natürlich sofort die Frage nach der Gerechtigkeit angesichts des Leidens eines Unschuldigen auf. Die Bedeutung des Geschehens kann sich nur durch die Auferstehung Jesu erschließen und „...kommt im Glauben an die Identität Gottes mit dem gekreuzigten Menschen Jesus zur Sprache."[19] Gott litt, starb und nahm damit das Leiden und Sterben

---

[18] Jürgen Moltmann, Umkehr zur Zukunft, 1970, S.144f.

[19] Eberhard Jüngel, Das Sein Jesu als Ereignis der Versöhnung, EvTh 38/1978, S.517

in sich auf. Daraus ließe sich eine Erkenntnis ableiten: Diese Konkretion der Liebe Gottes befreit von der Macht der Angst, die durch die Endgültigkeit des Todes herrscht.

IV. Lokaltermin auf Golgatha

Wie kann das geschehen? Wie kann uns der Blick auf das Kreuz von der Angst befreien, die auch Jesus in Getsemane überfiel?

Christus wurde auf Golgatha von Menschen getötet; dafür wäre nicht primär Gott zu rechtfertigen.[20] Aber der Tod als solcher ist nicht vom Menschen geschaffen. Paulus schreibt: Der Tod ist der Sünde Sold. Wenn wir die biblische Bedeutung des Todes als Konsequenz für die Gottlosigkeit des Menschen nehmen, so wäre doch der Gottessohn diesem Tod nicht verfallen. Insofern ist das Kreuz der Ort der Theodizee des Schuldlosen. An dieser Stelle der Weltgeschichte ist die Antwort zu suchen, und nur hier ist sie zu finden oder auch nicht, wo sich das Wesen des Todes und das Wesen Gottes unvermittelt begegnen in der Person des menschgewordenen Gottessohnes.

Letztlich geht es bei einer Anklage um eine Gerichtsszene. Stellen wir diese nun plastisch dar, so könnte der Staatsanwalt – in der Bibel ist dies ja der Satan - fragen: „Wie ist Gott zu rechtfertigen angesichts des unschuldigen Leidens in der Welt, das seine höchste Form in der Existenz des Todes hat?“ Die Ankläger sind wir mitsamt allen Geschöpfen, die dieses Übel zu erleiden haben. Der Angeklagte ist Gott, von dem wir freilich am Kreuz erkennen, dass auch er dieses Übel

---

[20] Der Tod Johannes des Täufers konnte Jesus immerhin warnen. Er wusste, worauf er sich einließ. Seine Verantwortung für sich selbst ist durchaus in Rechnung zu stellen.

erlitten hat. Ankläger und Angeklagter stehen sich also nicht mehr gegenüber, sondern Gott steht auf Seiten der Klagenden.

Das ist eine irritierende Situation. Vor allem, da die Frage nach dem Existenzrecht des Bösen, des Unrechts ja bestehen bleibt. Wir verlieren allerdings unser Gegenüber. Das hat zunächst eine durchaus willkommene Seite: Indem Gott sich selbst dem Tod auslieferte, bekundete er uns seine solidarische Liebe. Der Auferstandene, der die Hoffnung durch den Tod hindurch verkörpert, trägt aber noch die Zeichen des Todes, die Kreuzeswunden. Dadurch sind wir des Gottes, der über der Welt thront, also des Gegenstandes der Frage beraubt und mit der Kraft der Hoffnung im Leiden an und unter der Ungerechtigkeit ausgestattet.

Das klingt nach einer Auflösung der Problemstellung durch ein Paradox. Aber der Widerhaken bleibt, denn Gott hat uns weder vom Leiden befreit noch rationale Mittel gegeben, die Notwendigkeit des Leidens theoretisch zu erklären und gefühlsmäßig zu akzeptieren, geschweige denn, das Leiden effektiv zu überwinden.

Eine befriedigende Antwort gibt es angesichts des friedlosen Endes des Gottessohnes nicht. Die Frage nach Gottes Gerechtigkeit, die sich erfahrbar durchsetzt, bleibt eine offene Wunde, die als solche weiterschmerzt, wie Christi Wunden weiterschmerzen. Immerhin können wir beitragen zur Milderung des Leidens durch Solidarität, durch die Anwesenheit des menschgewordenen Gottes durch uns Menschen bei den Menschen im Leiden und die Erfahrung der Begleitung Gottes im Gebet.

Sind wir hiermit beim versöhnlichen Ende? Nein. Wir müssen noch einmal zurück zu dem Schmerz, der einfach immer wieder auftaucht, nicht überwindbar durch schöne Formulierungen.

6 Ich glaube nicht an den allmächtigen Vater

„Ich glaube nicht an den allmächtigen Vater." Ganz offenkundig passt dieses Bekenntnis nicht zum christlichen Glaubensbekenntnis: „Ich glaube an Gott, den Vater, den Allmächtigen..." Rein von den Worten her ist es klar: Entweder - oder. Aber wie ist es denn wirklich mit dieser Glaubensgemeinschaft? Was glaubt sie?

Es ist sinnvoll den Personenkreis der Gemeinschaft der Glaubenden zu präzisieren: Zum einen geht es um die Mitglieder der christlichen Kirchen in Deutschland. Zum anderen sollten wir nur die Kirchenmitglieder in Auge fassen, die mit ihrem Glauben etwas anfangen können; die reinen Karteimitglieder stehen nicht für das gemeinsame Bekenntnis ein; sie kennen es oft nicht einmal und sind daher mit einem gewissen Recht zum Missionsobjekt in der eigenen Kirche geworden.[21]

Unter denen, für die der Glauben eine Herzensangelegenheit ist, wird es Konsens sein, dass Glauben an Gott nicht heißt: „Ich vermute, dass es ein höheres Wesen gibt." Es geht vielmehr um eine sehr persönliche beziehungsmäßige Standortbestimmung: „Ich vertraue Gott, dem Herrn."

Das grenzt unseren Themenzugang ein: Es geht nicht um Annahmen, um Hypothesen, um Welterklärung, sondern um Vertrauen, um eine Beziehung. In diesen Zusammenhang gehört der Satz: „Ich glaube nicht an den allmächtigen Vater." Vertrauen kennen wir aus unseren zwischenmenschlichen Beziehung von frühester Kindheit an. Nicht wenige beziehen sogar die vorgeburtliche Zeit mit ein. Vertrauen ist per se keine verstandesmäßige Leistung, sondern ein seelischer

---

[21] „Kasualien als missionarische Möglichkeiten und Aufgaben" sind das Stichwort, das unbestreitbar eine Teilbeschreibung des Ist-Zustandes darstellt.

Vorgang. Es geht also nicht darum, ob ich das Glaubensbekenntnis für wahr halte, sondern wie mein Vertrauen auf Gott aussieht. Daher wurde bereits die psychologische Komponente benannt, die beim Vertrauen auf den allmächtigen Vater (im Himmel) einzubeziehen ist: die Grenzen der Allmachtserwartungen an die irdischen Väter und Mütter. Nun muss es um die geistliche Komponente gehen. Dem gilt die These: „Die wenigsten Christen vertrauen darauf, dass Gott von seiner Allmacht in ihrem Leben und im Leben ihrer Zeitgenossen erkennbar Gebrauch macht."

7 „Die wenigsten Christen vertrauen darauf, dass Gott von seiner Allmacht in ihrem Leben und im Leben ihrer Zeitgenossen erkennbar Gebrauch macht."

Die Allmacht wirkt in meinem Alltag? Allmacht im Alltag? Bei dieser Thematik haben viele Christen mit der Allmachtsvorstellung ihre Schwierigkeiten. Ich unterstelle sogar, dass ich die Mehrheit repräsentiere, auch wenn zunächst die Mehrheit dies vielleicht bestreiten würde. Die Unterstellung, für die Mehrheit zu sprechen hat aber kein argumentatives Gewicht; sollte es anders sein, würde ich meine Position trotzdem vertreten; denn geht nicht um Mehr-, sondern um Wahrheiten. Es geht um Wahrheit, die sich im Leben bewährt. Es ist für mich eine Frage der Ehrlichkeit und der Offenheit; und es gehört Mut auch vor sich selbst dazu, sich manches einzugestehen, von Wunschvorstellungen Abschied zu nehmen. Gerade in Glaubensdingen ist es nicht leicht, Vorstellungen zu ändern. Denn die Frage ist ja stets: Erhalte ich für die Preisgabe etwas anderes, das mich trägt, oder wird dadurch gleich alles in Frage gestellt, verliere ich sozusagen religiöse und damit existentiell den Boden unter den Füßen.

Da es um Gefühle geht, muss ein emotional besetztes Thema angesprochen werden: die leidige Frage der Krankenheilungen, die seit längerer Zeit bei uns wieder virulent ist. Das Wunder ist des Glaubens liebstes Kind, heißt es; und in der Tat erlebe ich immer wieder Menschen, die mit leuchtenden Augen von Glaubensheilungen oder zumindest deren Möglichkeiten reden. Freilich wäre es der Todesstoß für die pharmazeutische Industrie und die Arbeitnehmer im Gesundheitswesen, wenn Glaubensheilungen eine echte Alternative zur Schulmedizin wären. So leicht ist es eben nicht. Dass es auf dieser Erde mehr gibt, als unsere Schulweisheit sich träumen lässt, ist unbestritten. Aber die Schulweisheit lebt schließlich davon, dass sie sich an Verlässlichem orientiert, nicht an den Ausnahmeerfahrungen - und davon profitieren alle, die sich daran orientieren. Und nicht alles, was man ohne Schulweisheit träumt, ist auch real.

Meist laufen die Berichte über Glaubensheilungen so ab, dass der Kranke von den Ärzten für unheilbar erklärt worden war und dann eben diese durch seine wundersame Genesung vor ein unerklärliches Phänomen stellte.[22] Dass seelische Kräfte mancherlei vermögen, was äußerliche Behandlung nicht erreicht, ist unbestritten. Eher ist bei Wunderheilungen die Frage zu stellen, warum die Wunder so seltsame Grenzen haben: Einerseits die Bindung an „Glauben" (offenbar als menschliche Leistung); andererseits gerade auch dort, wo jede Medizin versagen muss: Bei einem amputierten Bein dürfte keine

---

[22] Leibniz erklärt das in seiner „Theodizee" 54: „Man wird auch einwenden, dass wenn alles geregelt sei, Gott keine Wunder bewirken könne. Allein man bedenke, dass die in der Welt vorkommenden Wunder auch als eingehüllt und als möglich vorgestellt in dieser, im Zustand der reinen Möglichkeit aufgefassten Welt enthalten waren; und Gott, welcher nachher diese Wunder gethan hat, hat gleich damals beschlossen, sie zu verwirklichen, als er diese Welt erwählt hatte." Das ist ein guter Gedanke, aber das erkenntnisleitende Interesse ist zu offensichtlich.

Glaubensheilung Erfolg haben: Es wächst kein neues Bein und fällt auch nicht vom Himmel. Warum hat hier das Wunder eine Grenze?

Ist ein Wunder nur das (noch) nicht Erklärbare oder ist es Gottes Wirken, das die Naturgesetze außer Kraft setzt? Der Glaube an Gottes Allmacht hat schließlich damit zu tun, dass Gott mehr vermag als sonst in der Welt möglich ist. Aber da frage ich schon: Warum ist dies in „der besten aller möglichen Welten" überhaupt nötig und noch dazu so bruchstückhaft, so willkürlich?

Und im Alltag rechnen Christen schließlich nicht damit, dass Gott hier eingreift, sondern dass alles seinen absehbaren Gang geht, mit Überraschungen guter und böser Art, aber Überraschungen, die in unsere gewohnten Erlebniszusammenhänge passen, in den Rahmen des Verstehbaren gehören. Anders könnten wir nicht leben.

8 Parusieverzögerung: Warum kommt das Heil noch nicht?

Im Hintergrund der Allmachtsvorstellungen steht auch die Erwartung, dass Gott diese „beste aller möglichen Welten", die eben doch nicht ganz gut ist, heilen oder durch eine neue, fehlerfreie ersetzen wird. Quasi „Welt, second edition", ein göttliches Upgrade.

In der Urchristenheit schien eine gemeinsame Überzeugung zu sein: Der Messias kommt in kurzer Zeit wieder und macht alles gut.

Niemand hat diese Jahre überlebt. Weder Krankheit noch Hungersnöte noch Kriege sind ausgemerzt. Der Messias ist nicht wieder gekommen. Es ist auch nicht zu erwarten. Vermutlich wird irgendwann die Erde auf die Sonne stürzen oder von ihr wegfliegen in die Kälte hinaus, vermutlich wird irgendwann das Universum implodieren, in sich zusammenstürzen oder was auch immer. Und die

Astrophysiker nennen dafür zwar astronomische, aber aufschreibbare Zeiträume.

Gott hat so viele Generationen Unheil erleiden lassen, dass es unrealistisch wäre, anzunehmen, die Geschichte der Menschheit würde durch ihn an einem historischen Datum der Zukunft geheilt. Das ist pures Wunschdenken und projiziert menschliche Wünsche auf Gott. Diese Vorstellungen (die inhaltlich sehr immanent sind) entspringen menschlichen Gedanken und Phantasien, göttlichen Ursprungs sind sie vermutlich nicht.

Der historische Erweis der Allmacht durch ein Eingreifen Gottes in den Verlauf der Geschichte stellt lediglich ein Postulat dar. Wir können mit unserem Glauben in dieser Welt viel besser leben, wenn wir dieses Postulat aufgeben.

9 Gottes Liebe erweist sich in der Realität

„Die Lehre von Karl Marx ist allmächtig, weil sie wahr ist..." so konnte man auf atheistisch frommen Spruchbändern lesen, wenn man 1983 - nota bene: im Lutherjahr! - durch die damalige DDR reiste. Brauchen selbst die Atheisten einen Allmächtigen? Sollten Christen im Gegenzug auf ihren Spruchbändern postulieren: Gott ist allmächtig, weil er lieb ist? Ich denke, sie sollten an Realismus die real existierenden Marxisten oder wer immer inzwischen so denkt, übertreffen. Das heißt: Wir sollen von Gott so reden, wie wir ihn erleben, und nicht so, wie wir ihn uns wünschen. Das es nur noch wenige Marxisten gibt, hat sehr viel mit Realität und weniger mit den guten Einsichten Karl Marx' zu tun.

Dazu gehört, dass wir Gott nicht einfach den lieben Gott nennen, sondern genauer hinschauen: Wie zeigt sich diese Liebe Gottes? Im 1.Johannesbrief heißt es gleich zweimal: Gott ist Liebe. Wie zeigte, wie zeigt sich das? Der Apostel formulierte es so: Die Liebe Gott erschien unter uns dadurch, dass Gott seinen Sohn, den einzigen sandte in den Kosmos, damit wir leben sollten durch ihn. Die Liebe Gottes zeigt sich also in Jesus; da gewinnt sie „Fleisch und Blut“.

Diese Liebe Gottes in Fleisch und Blut musste unter der Ungerechtigkeit leiden. In das Leiden, das zu dieser Welt gehört, ging die Liebe Gottes.

Dem Ruf Gottes folgte im letzten Jahrhundert Albert Schweitzer; er machte sich auf in die Welt der Armen, der Aussichtslosen, er ging aus dem Glanz eines erfolgreichen Mitteleuropäers in den Urwald nach Zentralafrika, um Menschen dort Genesung und Zukunft zu bieten. Bezüglich seiner „Krankenheilungen“ sagte er sehr realistisch: „Ich habe niemanden vor dem Tod gerettet, ich habe lediglich ermöglicht, dass er länger lebte…“ Schweitzer erhielt sogar den Nobelpreis; das unterschied ihn von seinem Herrn Jesus – und er setzte seine Publicity erfolgreich ein, auch gegen den Wahnsinn atomarer Bewaffnung. Ich meine, an ihm wurde etwas vom Wesen der Liebe Gottes deutlich: Er begab sich in den Alltag des Leidens. Der wiederum findet bekanntlich nicht nur in Zentralafrika statt, oder auf Golgatha, sondern ist auf der ganzen Erde anzutreffen.

Im Sinne der Inkarnation des Geistes Jesu verstehe ich auch das Evangelium vom großen Weltgericht: „Was ihr einem der Geringsten meiner Geschwister getan habt oder bei ihnen unterlassen habt, das habt ihr mir getan oder an mir unterlassen.“ Gott begegnet uns heute also in doppelter Weise: Als der, der unsere Hilfe braucht und im Mitmenschen uns gegenüber tritt, sowie als der, der uns Hilfe bietet, indem er durch Mitmenschen kommt. Insofern war Gott durch Dr. Albert Schweitzer auf dieser Welt erfahrbar; aber auch durch die vielen unbekannten Mütter und Väter, Brüder und Schwestern, die im Dienst der Nächstenliebe stehen. Das ist nicht gerade die herrschaftlichste Art der Theophanie; es stünde dem Allmächtigen besser an, gleich einem unerschrockenen Ritter der Gerechtigkeit siegreich über den Globus zu ziehen als in kleinen Don Quichottes gegen die Windmühlen, Atomkraftwerke, Wirtschaftslobbies und Maschinengewehre der Mächtigen kämpfen.

Dies ist ein Teil der Wahrheit; ich würde mich der Häresie im ursprünglichen Sinne des Wortes schuldig machen, wenn ich das Pendant nicht hinzufügen würde, wie es durch den Vers von Johannes scheint: „Die Liebe Gott erschien unter uns dadurch, dass Gott seinen Sohn, den einzigen sandte." Franz von Assisi, Dr. Schweitzer oder Mutter Theresa wie alle, die im Dienst der Nächstenliebe stehen, tragen etwas von Jesus weiter, aber sie sind nicht Jesus, obwohl sie in seiner Nachfolge stehen. In ihnen erscheint nicht Gott, obwohl er durch sie erscheint. An Jesus ist eine Besonderheit, die ihn von seinen Nachfolgern unterscheidet und die wir weder vergessen noch verschweigen dürfen: Er ist Gottes einziger Sohn. Das ist freilich eine mythologische Redeweise; mit ihr wird gesagt: Er ist nicht einfach wie jeder Mensch Gottes Kind, sondern in einer ganz besonderen einmaligen Weise: In ihm ist Gottes aktive Liebe in diese Welt gekommen. Nicht nur: Er ist von Gott geliebt als Kind, wie das von jedem Menschen gilt, sondern: Durch ihn wird Gottes Liebe in diese Welt getragen. Durch ihn wird sie unverwechselbar. Darum nennen wir uns auch nicht einfach gottesfürchtige Menschen, sondern: Christen, weil für uns in Jesus Christus Gott selbst sich gezeigt hat. Gott ist nicht anders, als wir ihn in Christus erkennen können.

10 Wir brauchen Gott als Sündenbock

Es ist immer wieder faszinierend, bisweilen aber auch nervtötend, von unkirchlichen Kirchengliedern zu hören, dass es Gott eigentlich gar nicht geben könne, wenn man sich den Zustand der Welt anschaue.[23] Was aber passiert, wenn Gott wegfällt oder zumindest aus dem Denken der Menschen verschwindet? Es könnte sein, dass es dann mehr Vernunft und weniger Aberglaube gibt. Aber das ist ein durch die 80er Jahre historisch widerlegtes Wunschdenken der Aufklärung (einschließlich der Bildungsreform der sozialliberalen Regierung der 70er). Es werden einfach andere supranaturalistische Systeme gesucht und ge- oder erfunden. Und schon taucht die Frage nach dem Sinn des Leides oder seiner Berechtigung wieder auf. Irgendwohin will man die Anfragen und Anklagen schließlich richten, und wenn „der alte Gott im Himmel tot"[24] ist, wie der Teufel mit seiner Hölle schon vor Jahrzehnten verstarb, dann steht man mit seinen Problemen da wie bestellt und nicht abgeholt. Wenn Gott als Sündenbock ausfällt, wer bleibt dann?

Wenn - wie in modernen Glaubensbüchern - Gott als Leidender an die Seite der Menschen gestellt, ergibt sich aber genau das gleiche Problem. Und frappierender Weise treten unerwünschte Problemlösungen auf. Es kommt zu einer atheistisch wie theistisch gleichermaßen zu formulierenden Lösung: Wenn Gott als Sündenbock ausfällt, wird der Mensch zum Sündenbock. Wie Hiob von seinen Freunden zum Sündenbock für sich selbst gemacht wird, so ist es bei den Frommen der Gegenwart eben der sündige Mensch, der haftbar

---

[23] Der Sinn der Kirche wird durch diese Personen nicht zwangsläufig infrage gestellt; denn erstens hat sie wertvolle karitative Aufgaben; und zum andern ist sie ein wichtiger Kulturträger mit moralischer Verpflichtung... übersetzt mit leichter Ironie: Eine unverbindliche gemeinnützige Vereinigung mit bisweilen angreifbaren Personal.

[24] F.Nietzsche, Also sprach Zarathustra

gemacht wird. Bei den Nicht-Frommen ist es nicht der sündige Mensch, sondern sind es häufig „die Anderen“: Die Nächsten-Liebe ist durch den Anderen-Hass abgelöst.

Heinz Zahrnt hat seinerzeit in seinen Hiob-Vorträgen „Wie kann Gott das zulassen?“[25] auf eine Gefahr hingewiesen, die durch den praktischen Atheismus entsteht und gerade heute (nicht nur) in Deutschland grassiert: Menschliche Sündenböcke werden gesucht; und sie werden wieder in Gruppen gefunden:[26] „Die Männer“, „die Frauen“, „die Jugend“; und heute, ein paar Jahrzehnte nach der antikommunistischen und proegozentrischen Weltrevolution wären in unserer Splitterwelt hinzuzufügen: „die Asylanten“, „die Ausländer“, „die Moslems (Muslim)“, „die Ossis“... Zahrnt hat es klar erkannt: „Schuld am Leid der Welt hat auf jeden Fall immer der andere.“ Und der wird nicht nur wie der Sündenbock zu Asasel in die Wüste geschickt (3.Mose 16,6-10) oder verreckt - wenn er kein „Wirtschaftsflüchtling“ wird - gleich in der Sahelzone oder im Mittelmeer, sondern er wird möglichst nahe gesucht, damit er für die eigenen Probleme verantwortlich gemacht werden kann. Und sollte der Sündenbock vertrieben oder getötet worden sein, so geht die Suche nach einem neuen weiter. Nach dem Zusammenbruch des Ostblocks verloren etwa die USA ihr Feindbild; gerettet wurden sie durch das Auftauchen der Moslems. Jetzt können sie Gut und Böse (axe of evil) wieder unterscheiden.

Damit sind wir bei der Lösung der Theodizeefrage, wie wir sie im archaischen Animismus finden: Für das Unheil ist immer einer zuständig, der gegen die geltende Ordnung verstoßen hat oder durch Zauber das Unheil herbeigeführt hat. Die Sanktionen gehen vom

---

[25] Beim Kirchentag 1985

[26] Zahrnt, „Wie kann Gott das zulassen?“ (1985) S.13

Ritualmord über die Hexenverbrennungen bis zu Ausländern, die zu Tode getrampelt werden und angezündeten Asylantenheimen.

Es ist verblüffend, dass die alte theologische Formulierung, die hier treffen könnte, ausfällt: „Der Gottessohn hat am Kreuz die Schuld auf sich genommen." Wenn jemand gesucht wird, der für das Unheil zuständig ist, weil er gegen die geltende Ordnung verstoßen hat, wäre hier eine Entlastung zu finden. Aber sie wird in aller Regel nicht wahrgenommen. Fehlt ihr etwa der Bezug zur Wirklichkeit? Lässt uns der Gekreuzigte irgendwie doch im Regen stehen? Asylantenheime kann man anzünden, Jesus kann man nicht wieder kreuzigen. Vielleicht nimmt er die Schuld auf sich; aber wir können unsere Aggressionen nicht an ihm auslassen. Gerade noch, dass man aus der Kirche austreten kann; aber das kann man auch nur einmal und damit tut man höchstens dem Pfarrer weh, der dies freilich meist nur statistisch registriert. Wo bleibe ich mit meiner Wut auf die Ungerechtigkeit? Wo kann ich meine Zerstörungswut rauslassen? Was kann ich kaputtmachen, damit mich meine Aggressionen nicht kaputt machen?

„Macht kaputt, was euch kaputtmacht", war eine Parole der militanten Linken Anfang der 70er Jahre. „Macht kaputt, was sich nicht wehren kann", ist die Praxis der Rechten seit der Wiedervereinigung und dem Zusammenbruch des Ostblocks. Der Ikonoklasmus des 16.Jahrhunderts richtete sich vordergründig gegen Heiligenbilder, aber bewegt war er durch die Aggressionen gegen die Machtinstitution Kirche. Das friedliche, aufbauende 19.Jahrhundert krönte sich durch den deutsch-französischen Krieg 1870/71 mit dem Kaisertitel und endete im ersten Weltkrieg, als man heute England eroberte und morgen die ganze Welt. „Für Gott und Kaiser" hieß es, aber vor allem: Gegen... Können wir Menschen nicht ohne Gegner leben? Und wenn der Gegner im Himmel ausfällt, fällt auch die letzte Bastion. Jesus ist gekreuzigt worden. Wenn Gott nicht wieder zu kreuzigen ist, dient er nicht einmal mehr als anzuklagendes Gegenüber. Was machen die rechten, linken und religiösen Fanatiker, wenn sie an die Macht kommen? Wer nur verneint, kann nichts aufbauen. Gerade die sogenannten kleinen Leute, die sich gerne hinter ihrem Kleinsein verschanzen und gegen die sogenannten Großen schimpfen, sind erfahrungsgemäß nicht bereit, Verantwortung zu übernehmen oder enden ähnlich wie ihre vormaligen Gegner. Sie brauchen die Institution, gegen die sie schimpfen können, weil sie selbst nicht gestalten können: Selbsternannte kleine Leute mit großer Klappe... – das erleben wir in den antidemokratischen „Massen"-Bewegungen der Bundesrepublik.

Es ist eine harte These, doch vielfacht belegt: Der Gott, dem die Allmacht abgesprochen wird, wird denen am meisten fehlen, die gegen ihn wettern. Die anderen, die ihm vertrauen, werden zwar auch das Leiden erfahren, das es in dieser Welt gibt. Aber sie werden auch die Liebe Gottes spüren, die sich in seiner Ohnmacht am Kreuz zeigte, wenn sie sich auf diesen Gott verlassen und nicht auf ihr Wunschdenken, ihre Projektionen, mögen sie fromm oder unfromm sein.

11 Wer bestimmt eigentlich, wie Gott zu sein hat?

In nachdrücklicher Weise brachte Karl Barth die Offenbarungstheologie ins 20. Jahrhundert, also in das Jahrhundert, in dem durch Kaiserreich, erstem und zweitem Weltkrieg und die Herrschaft der Nationalsozialisten Religiosität „von unten" propagiert wurde. Für Barth stand im Vordergrund, dass nicht wir definieren, wer oder wie Gott zu sein hat, sondern dass er sich selbst zu erkennen gibt. Für ihn, den Jahrhunderttheologen, hat Gott sich in Jesus Christus offenbart.

Für unser Thema ist der erkenntnistheoretische Aspekt relevant: Gibt Gott sich als der Allmächtige zu erkennen oder wird er von uns als der Allmächtige behauptet? Wer die Theologie christozentrisch durchdringt oder gar noch einen staurozentrischen Schwerpunkt hat, erkennt die „Allmacht" als Selbsterweis Gottes nicht. Die vielfältigen Formen, in denen Gott seine Macht spüren lässt, gehen in die Tiefe der Existenz. Aber die mit dem Begriff „Allmacht" assoziierte Vorstellung, dass Gott einfach alles und jedes kann, das uns gerade einfällt, passt nicht zu dieser präzisen Offenbarung Gottes in der historischen Person Jesus von Nazareth.

Es ließe sich geradezu umgekehrt formulieren: Wer auf seinen Allmachtsvorstellungen beharrt, wendet sich ab von Gottes Konkretion. In Jesus wird nicht unser Wunschdenken „Fleisch", sondern der Göttliche wird Mensch – wodurch er wohltuend an unserer Realität Anteil hat und unsere unrealisierbaren Wünsche ins Reich der Phantasie schickt.

Gottes Macht kann man spüren. Er hat keine Allmacht nötig, sondern bleibt real und reel. Der Geist des Gekreuzigten kann dem Herzen ganz nahe kommen; freilich gehört dazu ein Glaubensleben, das auch mystische Wege beschreiten kann.

Exkurs: Vergessen, verdrängt, verleugnet

Die Ausrottung der Christen im osmanischen Reich und der Türkei

Am 27. Mai 1915 Jahren erließ eine Regierung auf dem europäischen Festland ein sogenanntes Deportationsgesetz. Aus allen Landesteilen sollten die Christen zusammengeführt (expressis verbis: konzentriert) werden; dabei sollte auf ihr Überleben kein Wert gelegt werden. Nach den erfolgten Deportationen sollten die Christen noch mal weitergebracht werden. Diese Märsche sollten zu ihrem Tod führen. Der Erfolg des Gesetzes darf darin gesehen werden, dass schätzungsweise 1,5 Millionen Christen mit meist armenischem Hintergrund direkt oder indirekt ermordet wurden, was der jungtürkische Innenminister Pascha Talaat mit der Formulierung „die armenische Frage ist gelöst“ auch in Richtung der gut informierten und nicht nur durch Stillschweigen unterstützenden verbündeten deutschen Regierung erklärte.[27]

Der deutsche Reichskanzler Bethmann-Hollweg schrieb im Dezember 1915: „Unser einziges Ziel ist, die Türkei bis zum Ende des Krieges an unserer Seite zu halten, gleichgültig ob darüber Armenier zu Grunde gehen oder nicht.“ Die armenischen Christen[28] hatten auf Hilfe durch die Deutschen als Christen gehofft. Immerhin waren diese mit vielen Soldaten im Land. Aber im Gegenteil wurden die Türken bei der blutigen Niederschlagung armenischer Gegenwehr in Abstimmung mit dem deutschen Kriegsministerium von einem Deutschen angeführt.[29] Die (deutschen) Christen halfen den (türkischen) Moslems, die türkischen Christen auszurotten – so klar muss man es formulieren. Da eine Möglichkeit für Christen der Deportation zu entkommen, darin bestand, zum Islam überzutreten[30], sind alle anderen Formulierungen Augenwischerei.

---

[27] Am 29. August 1915 schrieb Talât Pascha: „Die Armenierfrage wurde gelöst. Es gibt keine Veranlassung, Volk oder Regierung wegen der überflüssigen Grausamkeiten zu beschmutzen.“

[28] De facto ging es gegen alle heimischen Christen, z.B. auch die syrischer Abstammung.

[29] Eberhard Graf Wolffskeel von Reichenberg befehligte die Angriffe auf dem Mosesberg, wo armenische Christen sich zunächst erfolgreich der Deportation widersetzte, wenig später auch in Urfa, das uns heute an den Aufstand im Warschauer Ghetto erinnern kann.

[30] Dazu konnte allerdings als Folge gehören, dass sie ihre eigenen früheren Glaubensgeschwister und auch direkten Verwandten töten mussten.

Für manche Diplomaten, aber auch für die zahlreichen deutschen Soldaten vor Ort war es nicht zu fassen, was sie im „zivilen" Bereich erleben mussten: "In Haider-Pascha liess der Beamte die Armenier in die Kirche treiben. Dann stellte er sich auf den Altar und rief: 'Jetzt ruft doch euren Christus zu Hilfe, vielleicht hilft er euch!'" Ortswechsel: „In Eski-Schehier lagen die ersten Armenier vor der Stadt. Einmal regnete es sehr stark, so dass alles schwamm, zumal draußen keine richtigen Zelte waren. Da fuhren die eleganten Türken im Sonntagsstaat raus in ihrem Wagen und verhöhnten die Armenier: 'Ihr müsst doch schlechte Menschen sein, wenn auch euer Gott kein Mitleid hat mit euch!'[31] Wenn man sich überlegt, wie sensibel Moslems gerade in unserem Jahrzehnt auf das reagieren, was sie als Blasphemie verstehen, wird die religiöse Dimension noch einmal prägnanter: Diese „Armenier" wurden gerade deportiert, waren auf dem Weg zu ihrer eigenen „Kreuzigung".

Ein deutscher Diplomat in Konstantinopel kommentierte einem Kirchenvorsteher gegenüber: *„Wir können doch deswegen keinen Krieg mit den Türken anfangen!"* Wie bitte? 1915! Es ist: Krieg!! Wofür wird eigentlich dieser Krieg geführt?! 100 Jahre später sind wir sicher: Kriege werden nie mit dem begründet, weswegen die Machthaber sie führen...

Peter Engel, deutscher Soldat aus einer hessischen Kleinstadt und Angehöriger der türkischen Armee[32] berichtet, die deutschen Soldaten hätten „oft Armenier getroffen, die nackt weiter getrieben wurden und dass, wenn einer sich verloren hatte, man nur seinen Kopf durch die Gendarmen zurückforderte. Haarzöpfe sah man oft als letztes Überbleibsel von Mädchenleichen liegen". Dazu lesen wir von

---

[31] Ich zitiere hier aus dem Kriegstagebuch (1915-16) von Peter Engel, meinem Großonkel, das er mir hinterlassen hat.

[32] Es gab deutsche Einheiten in der Türkei, aber es wurden auch deutsche Soldaten für das türkische Heer abkommandiert.

systematischen Vergewaltigungen[33] und Entwürdigungen. Und durch seinen Kontakt zu einer deutschen Kirche erlebt er auch deren Demütigung und Bedrohung: Verwüstung von Kirche und Amtszimmer des Pfarrers mit anschließender Beschlagnahmung. Da er sich auf der Seite der Guten gewähnt hatte, empfand er die Haltung und Reaktion der deutschen Diplomaten als beschämend – und so geht es mir auch damit. „Liebedienerei" etikettiert es Engel, wir sagen heute Prostitution. Als der deutsche Kaiser von den türkischen Behörden herabgewürdigt wurde, hielt sich die Botschaft vornehm zurück. Aber was kann man schon von Diplomaten erwarten? Wer irgendwo Rückgrat gezeigt hat, wird kein Diplomat. Diese Leute können offenbar keine Kriege verhindern, sondern nur Katastrophen schönreden. Das mag uns Warnung sein, unseren Glauben nicht der Diplomatie zu opfern – denn da gewinnen nur die Diplomaten, die Kirche aber verliert sich.

Im Übergang vom Osmanischen Reich zur Türkei finden sich Parallelen zum Nationalsozialismus: Die herrschenden „Jungtürken" waren Nationalisten, unter ihnen gab es viele brutale junge Männer; schon zwanzig Jahre zuvor hatte es Pogrome[34] gegeben; die „Armenier" waren Menschen zweiter Klasse (Steuern etc), ihr teils beträchtliches Eigentum wurde eingezogen, Gotteshäuser geplündert und geschändet, Dörfer entvölkert und darin Türken aus Europa angesiedelt; die auch mit deutscher Hilfe erbaute Bagdadbahn diente zum Massentransport in Viehwagons; für die Deportationen gab es durch die jungtürkische Regierung klare Strategien, paramilitärische

---

[33] *„Vor der Stadt lagen in den letzten Tagen und Nächten 400 armenische Frauen und Mädchen, die sie hier zum Abtransport sammeln. Abends spät fuhren ein paar Mal geschlossene Wagen raus, dann in die Stadt zurück und spät in der Nacht oder gegen Morgen wieder zum Lager. Da wurden einzelne der schönsten Mädchen eingeladen, irgendwelchen hohen Herren in der Stadt für die Nacht zugeführt und morgens wieder zurückgebracht." Ebd*

[34] Mit bis zu 300.000 Toten

Verbände, die Massenmorde durchführten; international bemerken wir keine erwähnenswerten Interventionen; Konzentrationslager wurden errichtet mit dem Ziel der Vernichtung („Armenierfrage“ parallel zu „Judenfrage“ sowie „Endlösung“).

Wer die Verbrechen im Dritten Reich und seine Vernetzung durchs ganze Volk offen anspricht, braucht nicht zu schweigen, wenn auch anderswo ein Genozid stattfindet. Wertfrei lässt sich über diese Christenverfolgung nicht berichten! Auch nicht über die im Jahre 2015. Keine Religion ist gut, weil sie verfolgt wird. Aber jede Religion wird schmutzig, wenn in ihrem Namen verfolgt wird. Dieser Beschmutzung kann sie nur begegnen durch klare Positionierungen für Gerechtigkeit, Wahrheit und Liebe, verbunden mit einer tief verankerten kritikfähigen Toleranz.

Hat Gott geschwiegen? Wenn Gott schweigt, müssen die Herzen schreien. Gott wirkt nicht durch seine Allmacht, sondern durch seine Menschen. Unsere Politik muss an diesen Stellen ihre Macht einsetzen, denn an diesen Stellen versagt auch heute nicht Gott, sondern versagen die Menschen, gerade auch des christlichen Kulturkreises.

Exkurs: Leibniz, die Theodizee und die Allmacht

Es war mehr beiläufig, dass Leibniz die Thematik der Theodizee aufgriff und ihr dabei auch den Namen gab. Es geht um die Gerechtigkeit (griechisch: Dikaiosyne) Gottes (Griechisch Theos). Anlass war, dass er sich 1710 mit dem philosophischen Wörterbuch „Dictionaire historique et critique“ von Pierre Bayle auseinandersetzte. Die „Essais de Théodicée sur la bonté de Dieu, la liberté de lhomme et l‘origine du mal“ sind auch quasi dialogisch geschrieben. Eigentlicher Streitpunkt ist das Verhältnis von Glauben und Vernunft, die der

Franzose strikt trennt, Leibniz aber in Harmonie sieht – interessanterweise ist für ihn die göttliche Vernunft in wesensmäßiger Entsprechung zur menschlichen nur graduell unterschieden. Das ist für die Auseinandersetzung sehr hilfreich, da er nicht – wie es viele „Fromme" machen - in den denkerischen Sackgassen auf Gottes Anderssein rekurrieren kann. Er erkennt an, dass Bayle die besseren Argumente auf seiner Seite hat und scheint das Problem dadurch zu lösen, dass selbst Gott Notwendigkeiten (logischen oder ontischen) unterworfen ist und daher das Übel zulassen musste. Das stellt er in sein Weltbild, dass Gott die „beste aller möglichen Welten" erschuf. Natürlich wollte er das Böse nicht, das seinem Wesen widerspricht, aber es gehörte zur Folgerichtigkeit seiner Schöpfung.

Drei Differenzierungen Leibniz' bestimmen nun das Übel genauer. Mit dem „Malum metaphysicum" wird die konstitutive Unvollkommenheit der Schöpfung benannt; das ist logisch, weil nur Gott absolut ist und daneben nichts weiteres absolutes schaffen kann. Leibniz begrenzt also die Allmacht Gottes durch die Logik. Dieses metaphysische Übel bedingt dann auch das körperliche („malum physicum"), also unsere Konstitution mit aller Anfälligkeit gegenüber Krankheit. Parallel dazu gibt es das „malum morale", also das Übel, das wir durch unsere menschlichen Aktivitäten verursachen. Hier ist natürlich ein Schuldiger, nämlich der Mensch, auszumachen. Aber Gott als der Schöpfer steckt weiterhin im Geflecht der Verantwortlichkeiten.

Der zentrale Part der Essays zur Theodizee setzt folgenermaßen ein: „Nachdem ich die Rechte des Glaubens und der Vernunft in einer Weise festgestellt habe, welche die Vernunft dem Glauben nützen lässt, anstatt ihm entgegen zu treten, wird sich zeigen, wie beide diese Rechte gebrauchen, um dasjenige aufrecht zu erhalten und zu vereinigen, was das natürliche und das offenbarte Licht uns von Gott und dem Menschen in Bezug auf das Uebel lehren. Man kann die Schwierigkeiten in zwei Klassen theilen; die einen entspringen aus der Freiheit des Menschen, welche mit der Natur Gottes unverträglich erscheint, während sie doch nothwendig ist, damit der Mensch für schuldig und strafbar gehalten werden kann. Die andere Klasse betrifft das Verhalten Gottes, indem er danach zu sehr an dem Dasein des Uebels Theil zu nehmen scheint; selbst wenn der Mensch frei sein und auch seinen Theil davon auf sich nehmen sollte. Dieses Verhalten scheint mit der göttlichen Güte, Heiligkeit und Gerechtigkeit nicht verträglich, weil Gott an dem physischen und moralischen Uebel mitwirkt, und weil dies bei dem einen wie bei dem andern ebenso physisch, wie moralisch geschieht und weil diese Uebel sich anscheinend sowohl in dem Reiche der Natur, wie in dem der Gnade zeigen und ebenso, ja noch mehr, in dem kommenden und ewigen Leben, als in dem kurzen hienieden."

Leibniz versucht, sich der Problematik klar und deutlich zu stellen. Das fällt ihm im Prinzip deswegen nicht allzu schwer, da er voraussetzt, dass die Vernunft dem Glauben dient, sich also eine Lösung finden lassen wird. Er setzt sich mit seinem Gegenüber Pierre Bayle unpolemisch auseinander. Dadurch verdeckt er mitunter sein erkenntnisleitendes Interesse, aber der Schlussabsatz des ersten Essays macht dann doch deutlich, dass Leibniz ein bestimmtes Ergebnis haben will, bei dem für ihn lediglich Differenzierungen wichtig sind, aber keine fundamentale neue Erkenntnis: „Indess zeigen alle diese Versuche, Gründe für einen Gegenstand aufzufinden, wo man sich nicht an bestimmte Hypothesen fest zu halten braucht, dass es tausenderlei Mittel giebt, um das Verhalten Gottes zu rechtfertigen. Alles Unpassende, was wir sehen, alle Schwierigkeiten, die man sich machen kann, sind kein Hinderniss, in vernünftiger Weise zu glauben, wenn man es nicht auch ausserdem in beweisbarer Weise wüsste, wie ich schon dargelegt und wie es später sich noch mehr ergeben wird, dass es nichts so erhabenes giebt, wie die Weisheit Gottes, nichts so reines, wie seine Heiligkeit und nichts so unermessliches, wie seine Güte."

Freilich scheint es ihm nicht wirklich um die Theodizee zu gehen, sondern um die Stellung der Vernunft im Glauben. Dass konnte aber die, die existentielle Anfragen hatten, nicht wirklich befriedigen. Er als tiefüberzeugter Aufklärer zieht aber das befriedigende Resümmee: „glaube wohl hinreichend gezeigt zu haben, dass weder das Vorauswissen, noch das Voraussehen Gottes seiner Gerechtigkeit und Güte oder unserer Freiheit Schaden thut.[35]

Freilich wurde seine positive Argumentation nach wenigen Jahrzehnten durch eine Naturkatastrophe erschüttert, durch das Erdbeben von Lissabon 1755. Das forderte Kritiker auf den Plan, die entweder Alternativmodelle anboten – so etwa, dass es das Böse gar nicht gibt, sondern es nur ein minder Gutes ist – oder satirische Kommentare verbreiteten (ein gefundenes Fressen für Voltaire). Dieses Erdbeben wird in der Geistesgeschichte bis heute mit der Theodizeefrage verknüpft, obwohl wir heftigere und nähere Katastrophen nennen können.

Wenn wir heute Leibniz rezipieren, können wir bei drei Anfragen Platzhalter positionieren, um aus den Medien oder dem persönlichen Umfeld jeweils das aktuellste oder schockierendste Beispiel einzutragen:

---

[35] Zitiert nach Gottfried Wilhelm Leibniz: Die Theodicee. Leipzig 1879, Ss.97, 173, 395.

Bei den Übeln, die nicht die Menschen zu verantworten haben, denen sie aber ungeachtet ihrer moralischen Qualitäten ausgeliefert sind, wären Naturkatastrophen zu nennen. #1

Bei den Übeln, die unsere körperliche Existenz betreffen, sind natürlich die schweren Erkrankungen von Menschen, die wir als gute Menschen erleben, zu nennen. #2

Bei den moralischen Übeln, für die Menschen verantwortlich sind, wäre natürlich Kriege, Hungersnöte oder ökologische Katastrophen (die Verantwortlichen sind selten die primären Opfer) zu nennen. #3

Printed by Books on Demand GmbH, Norderstedt / Germany